T0105368

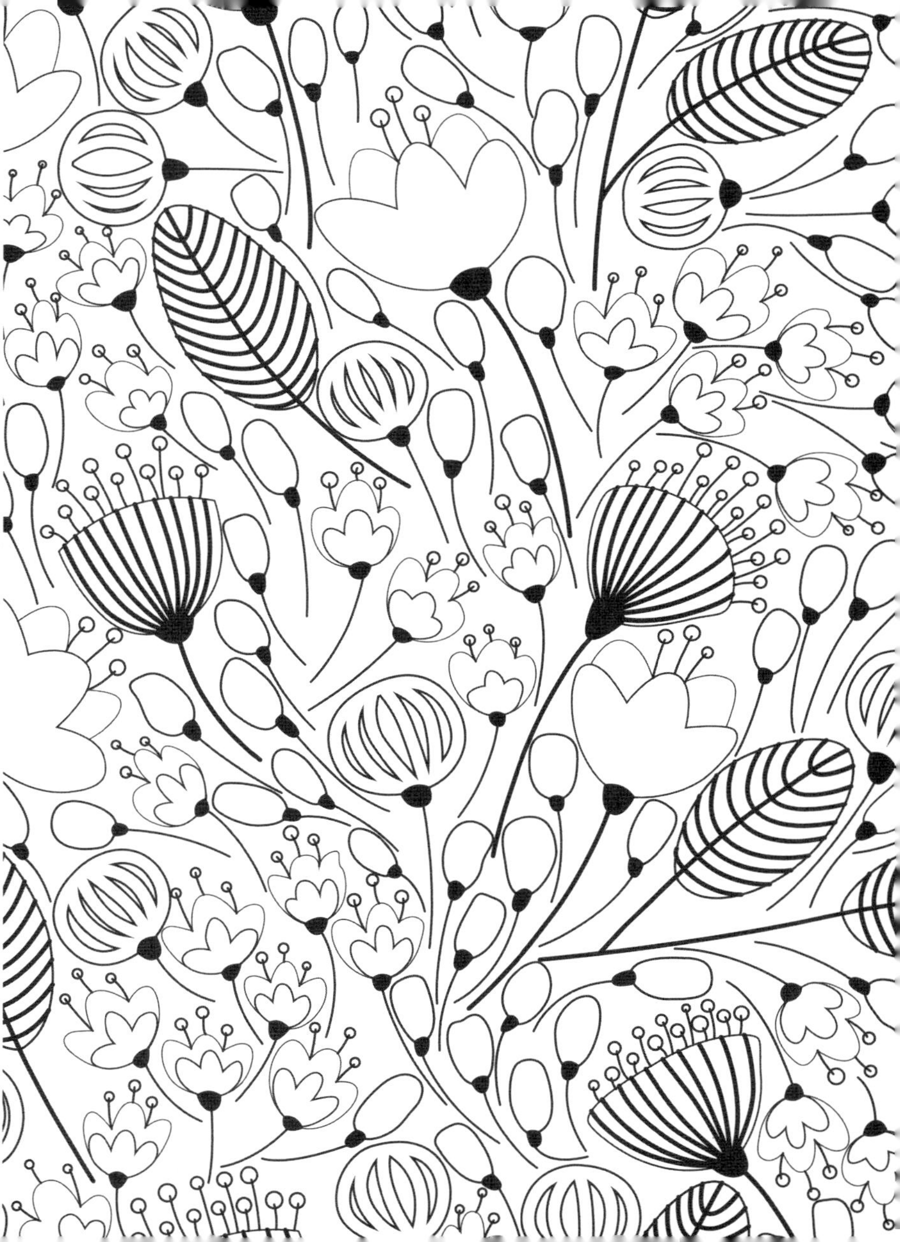

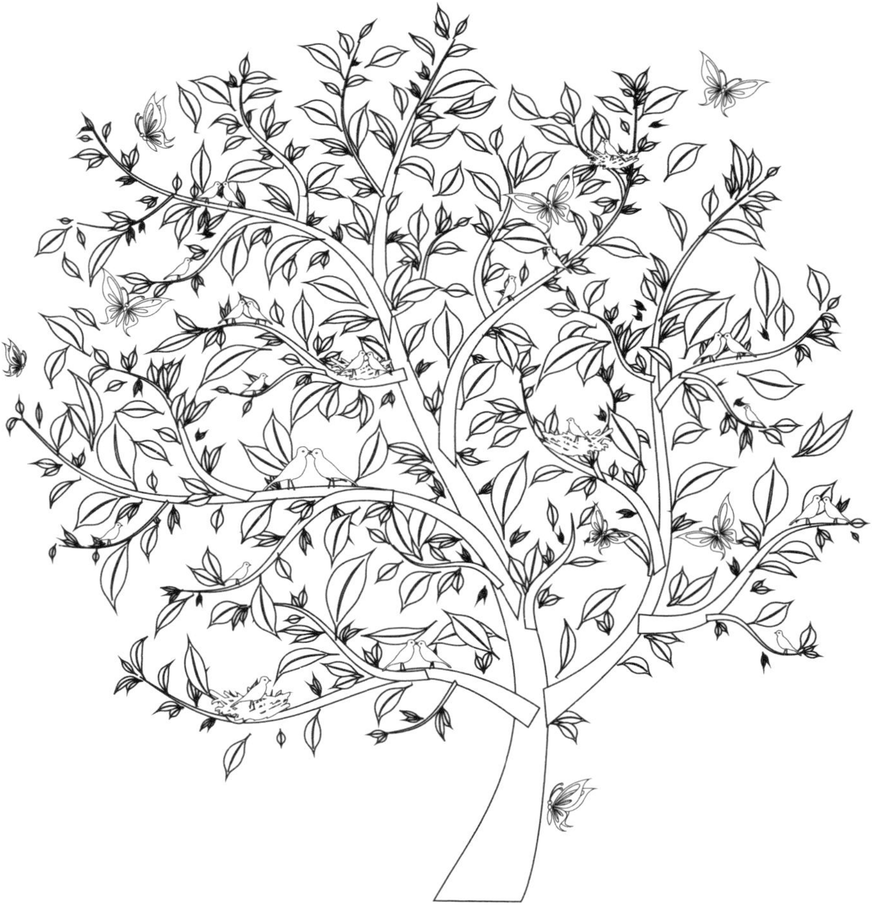

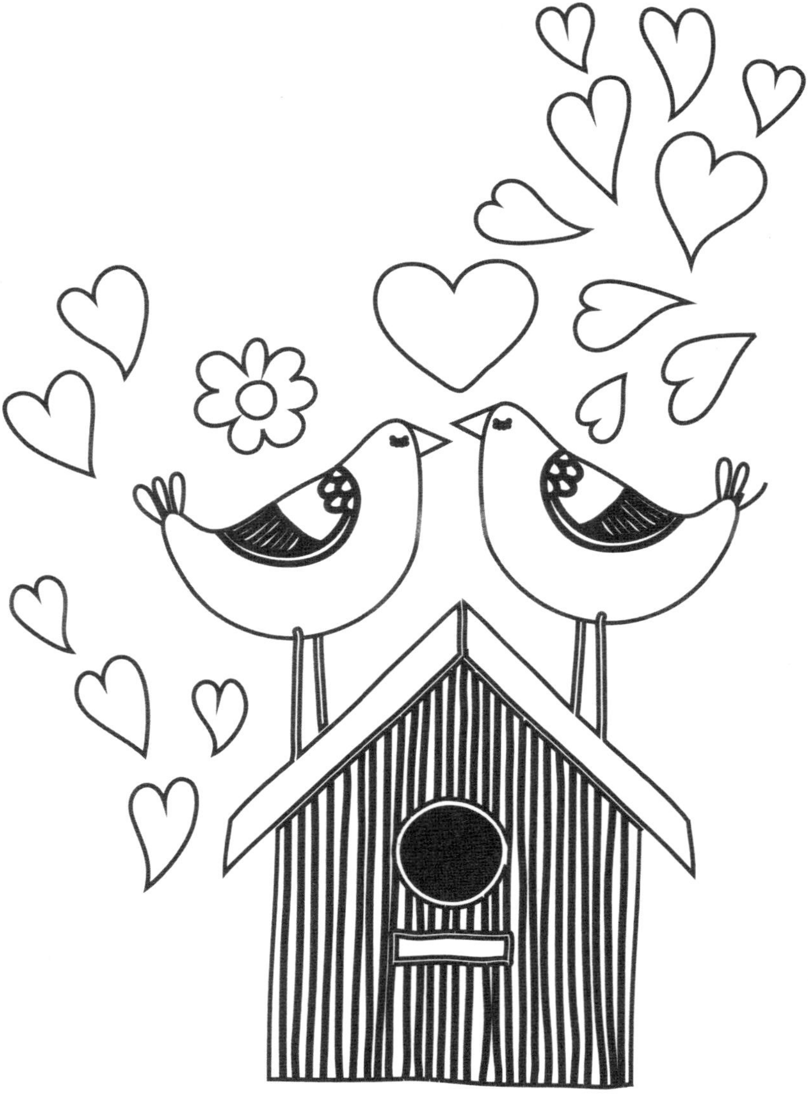

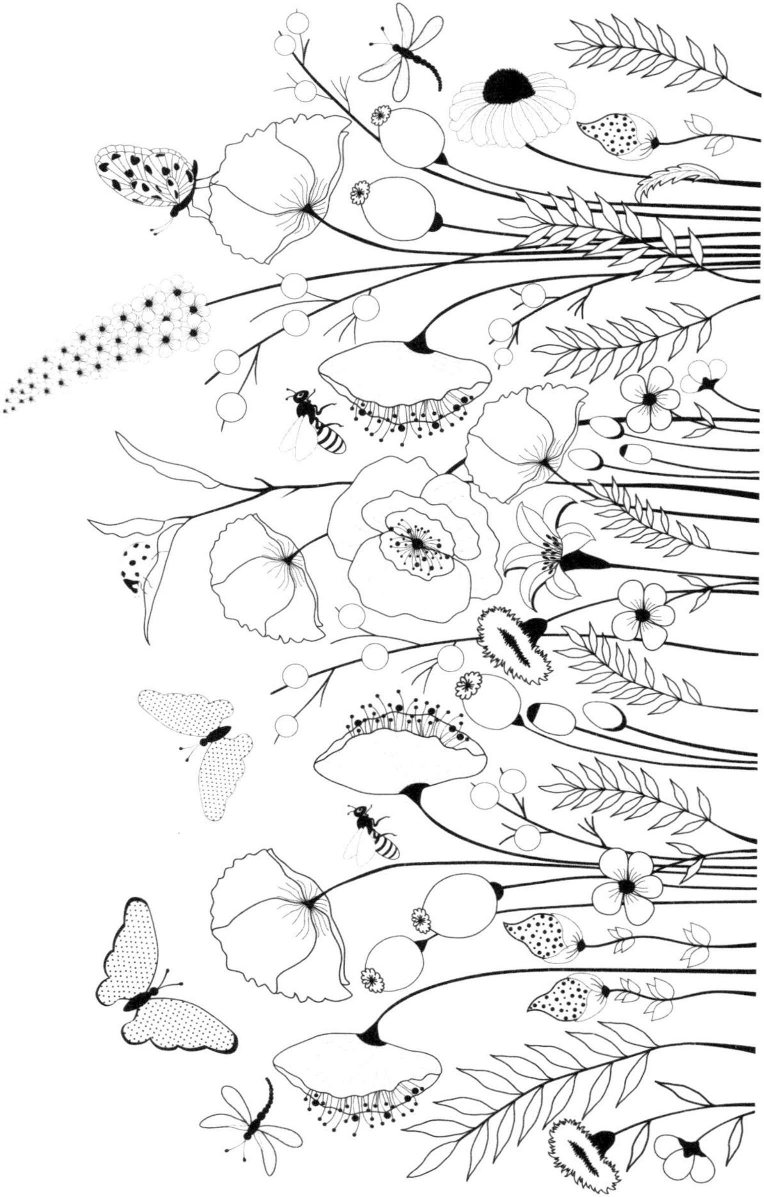

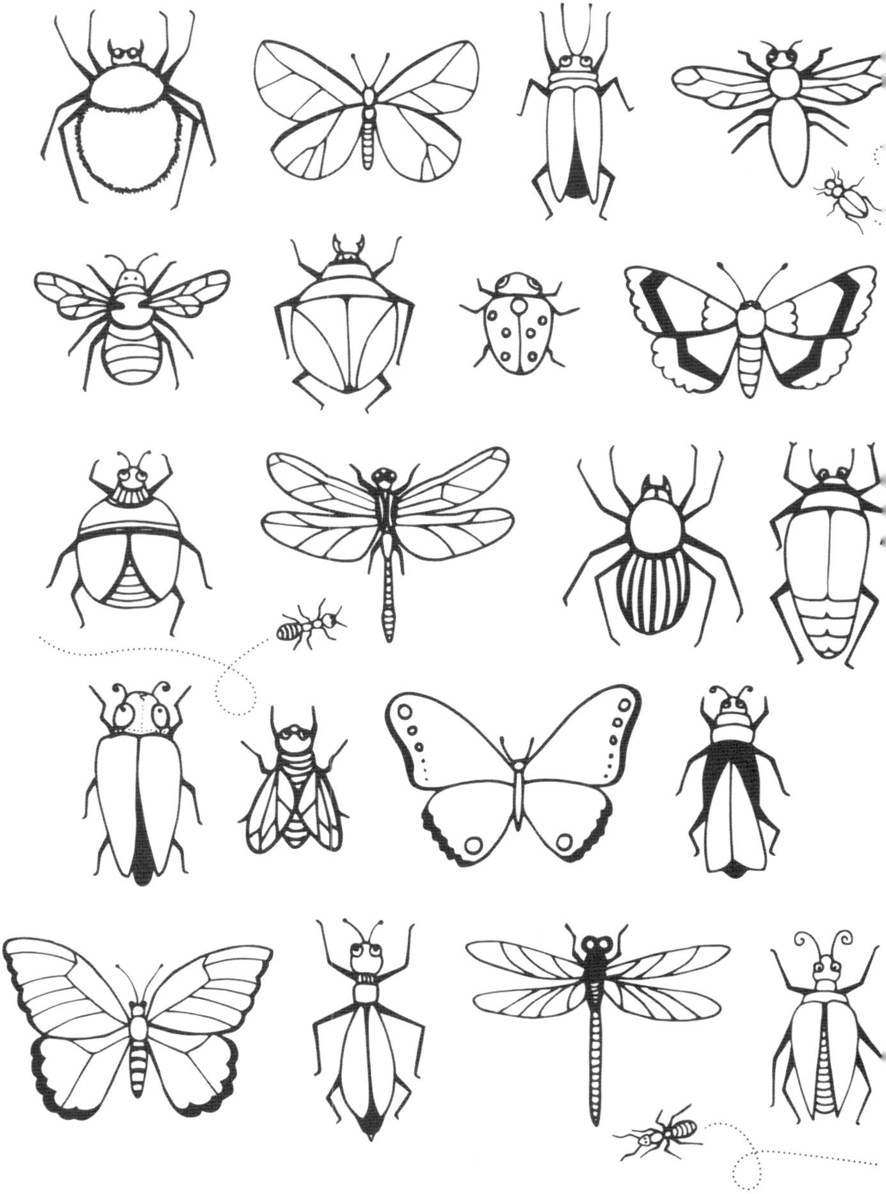

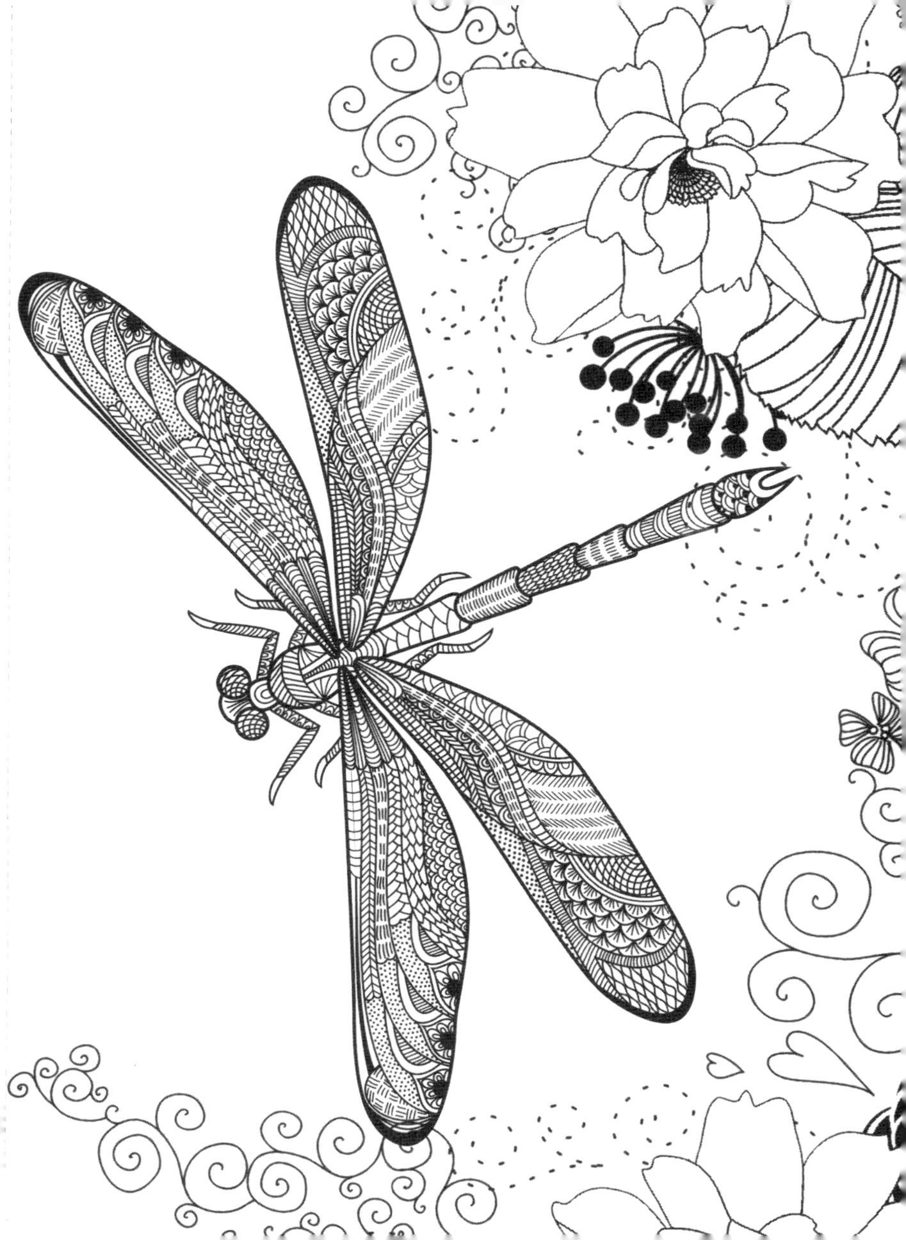

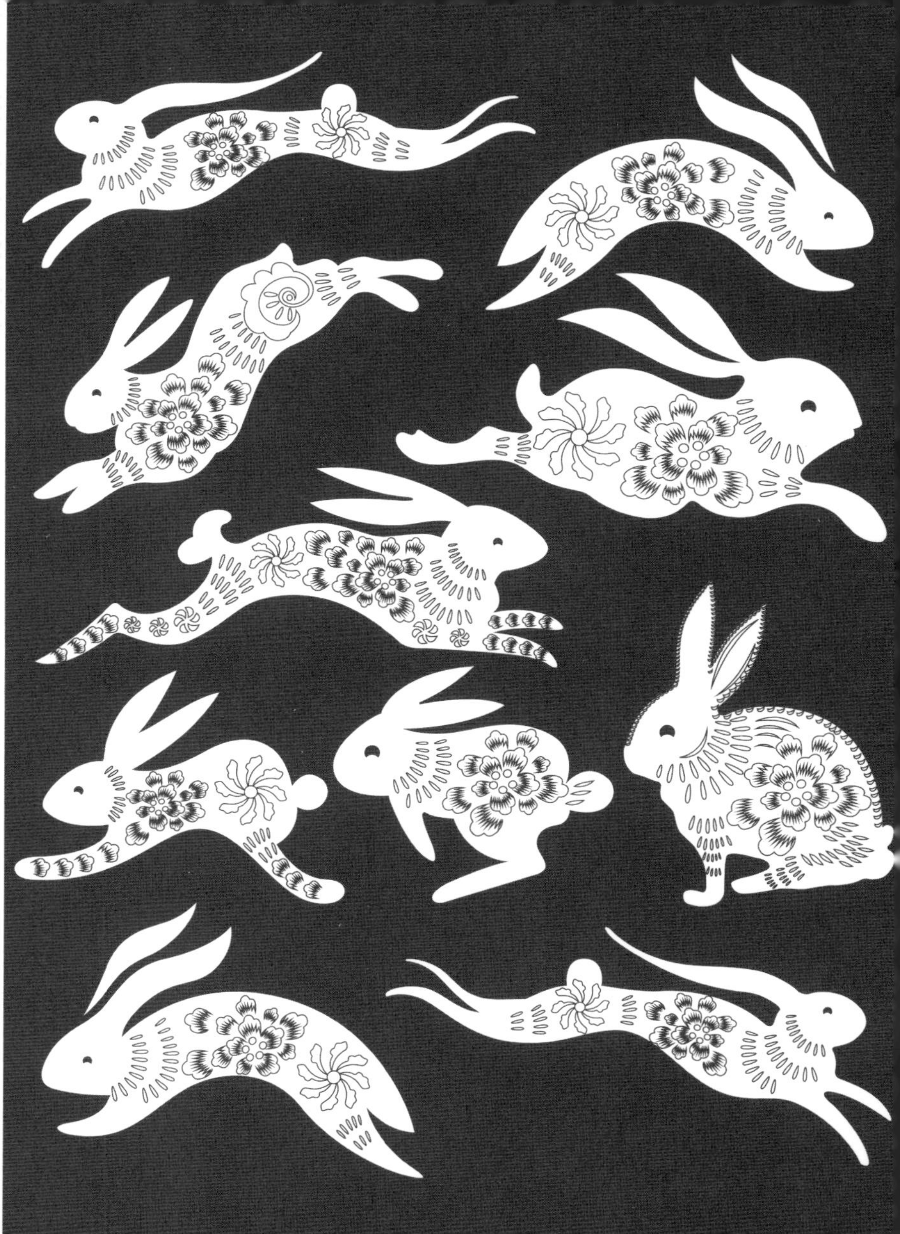

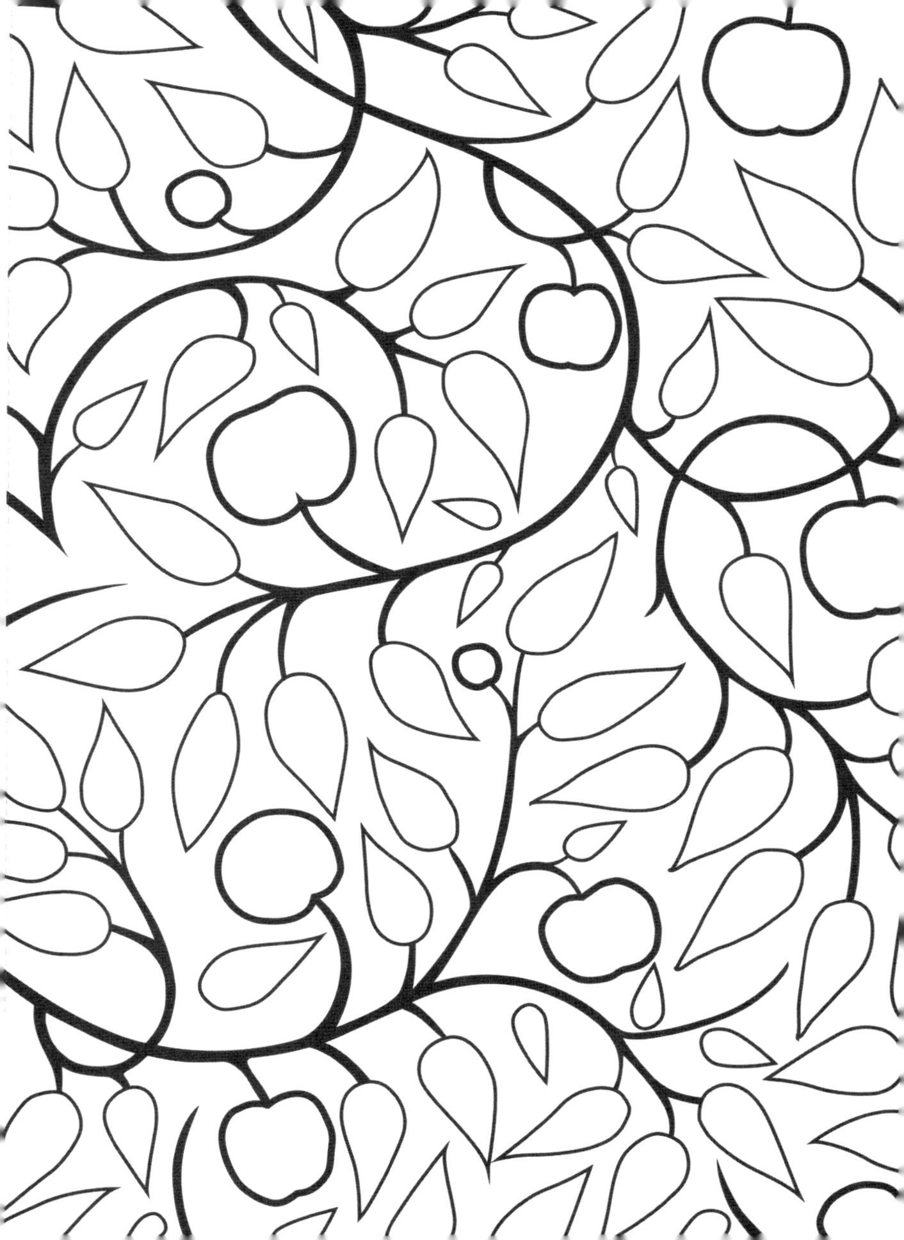

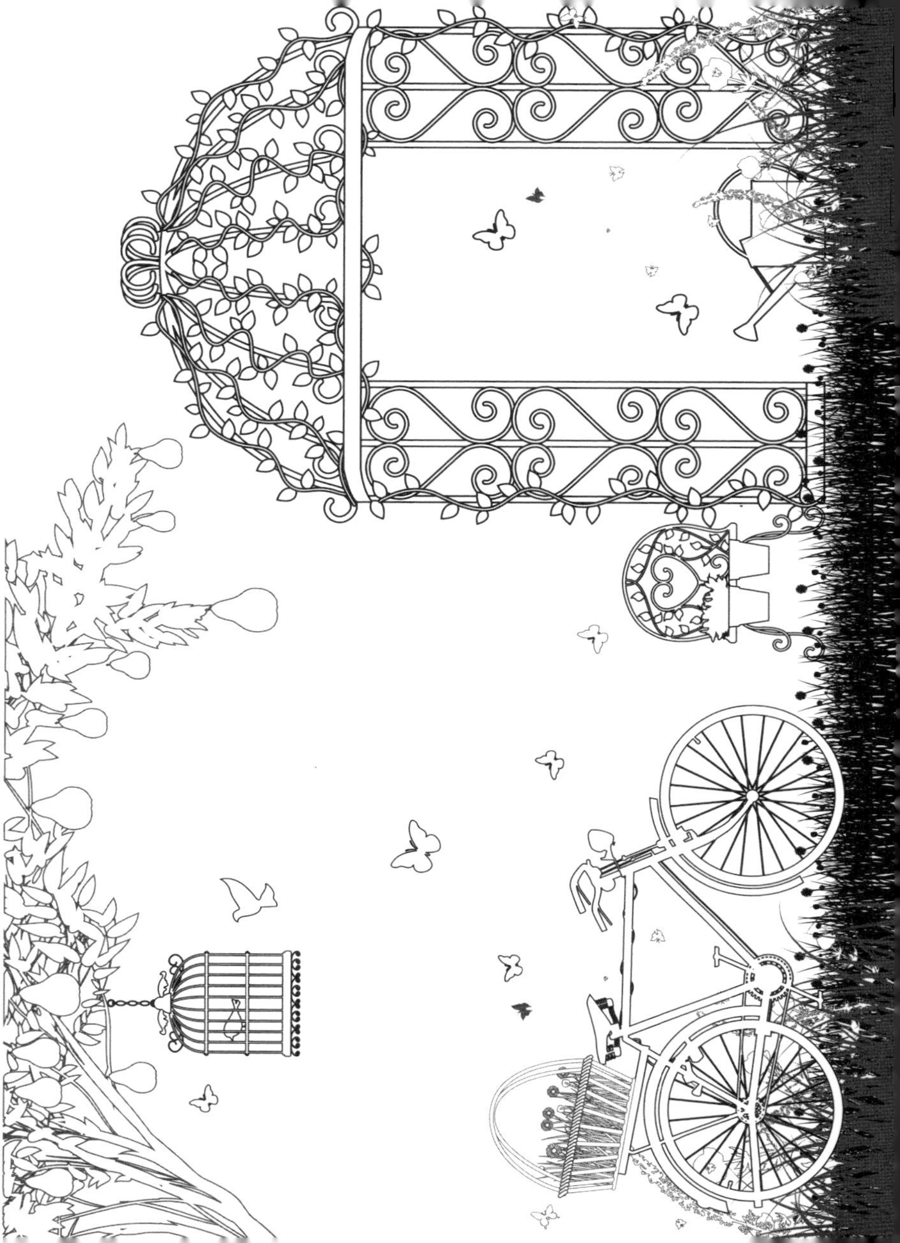

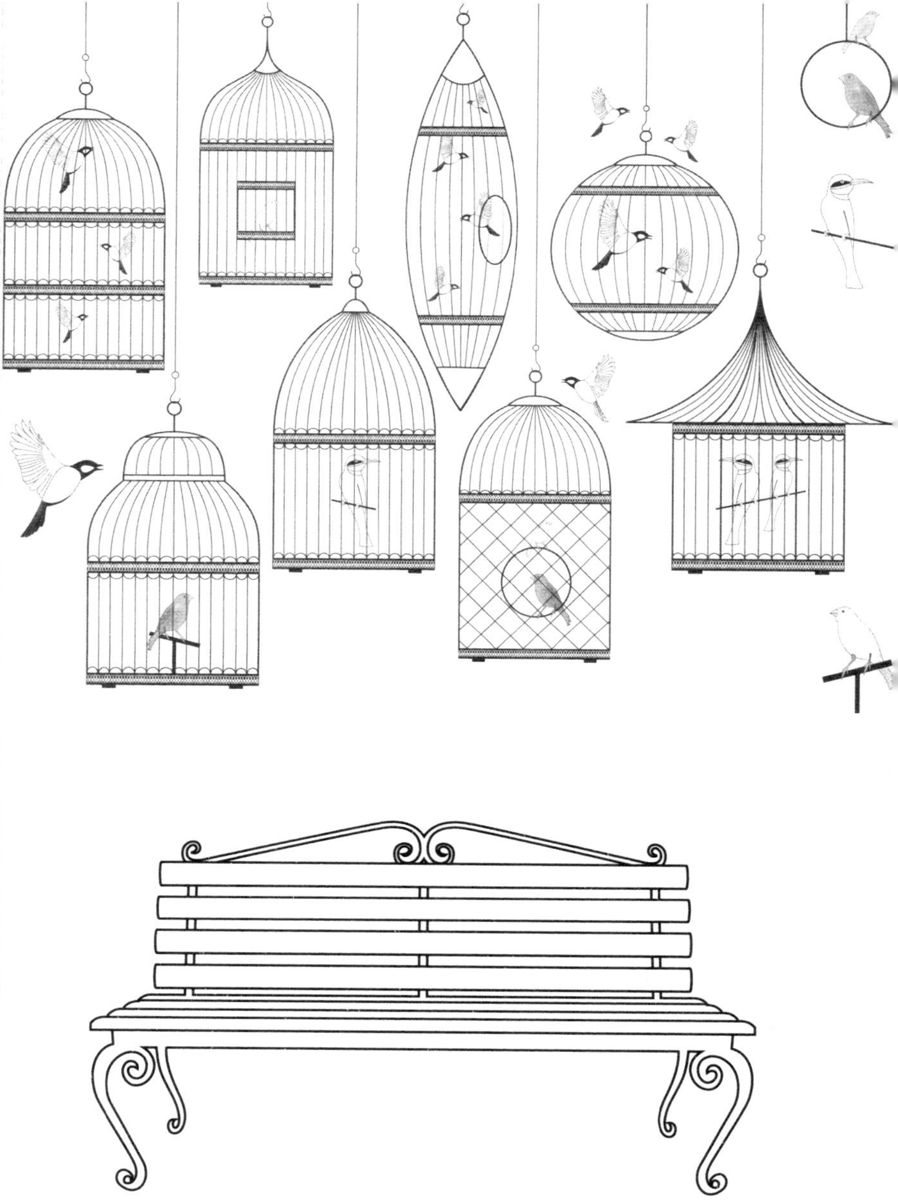

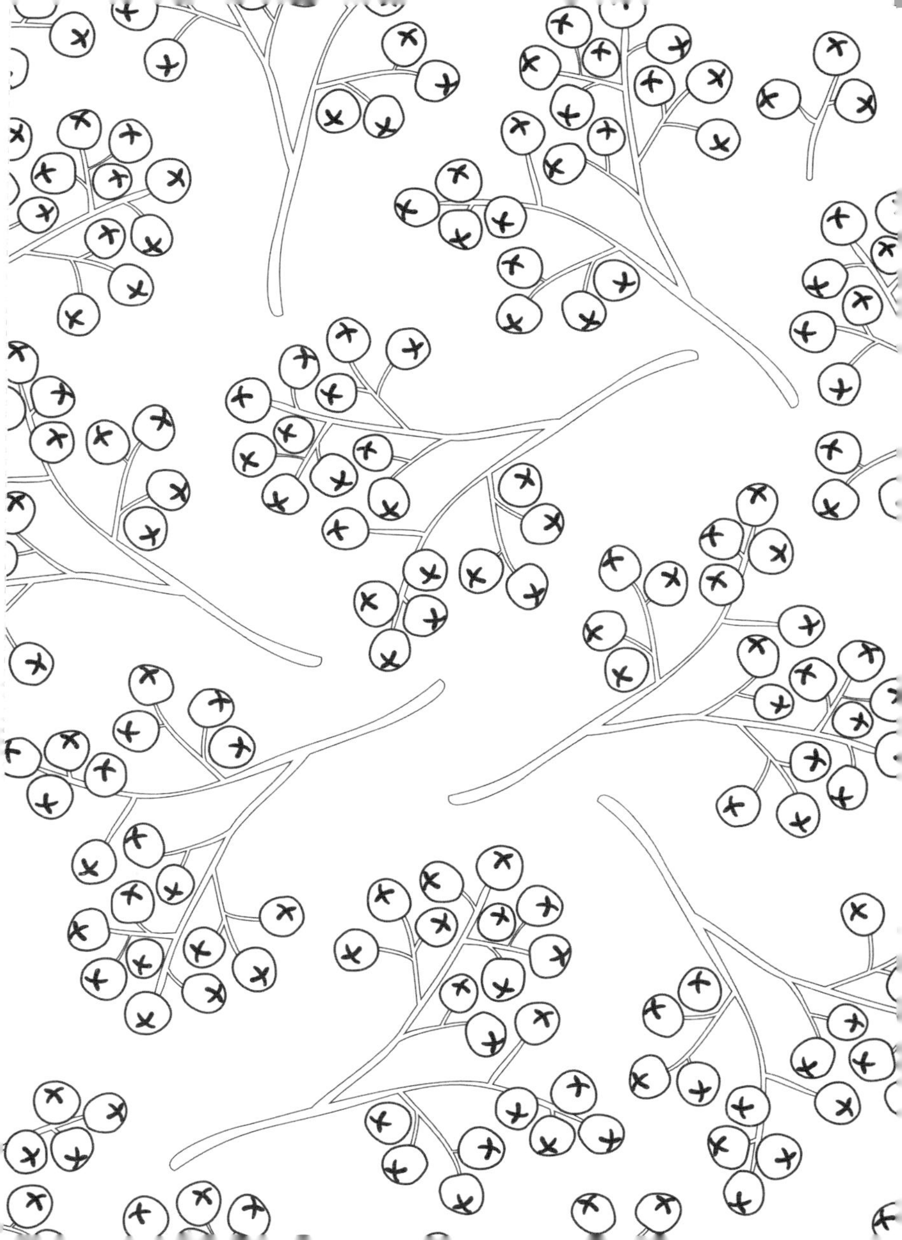

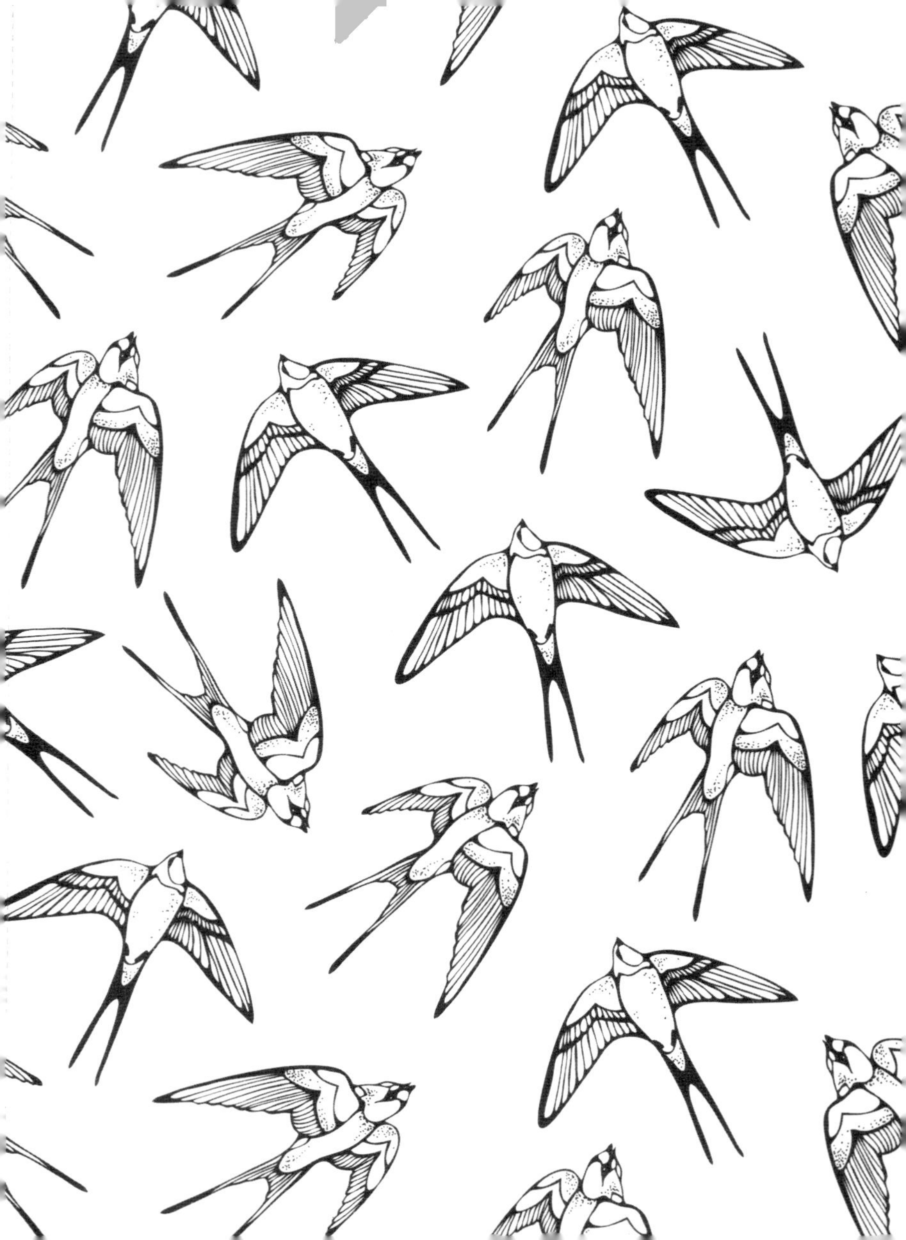

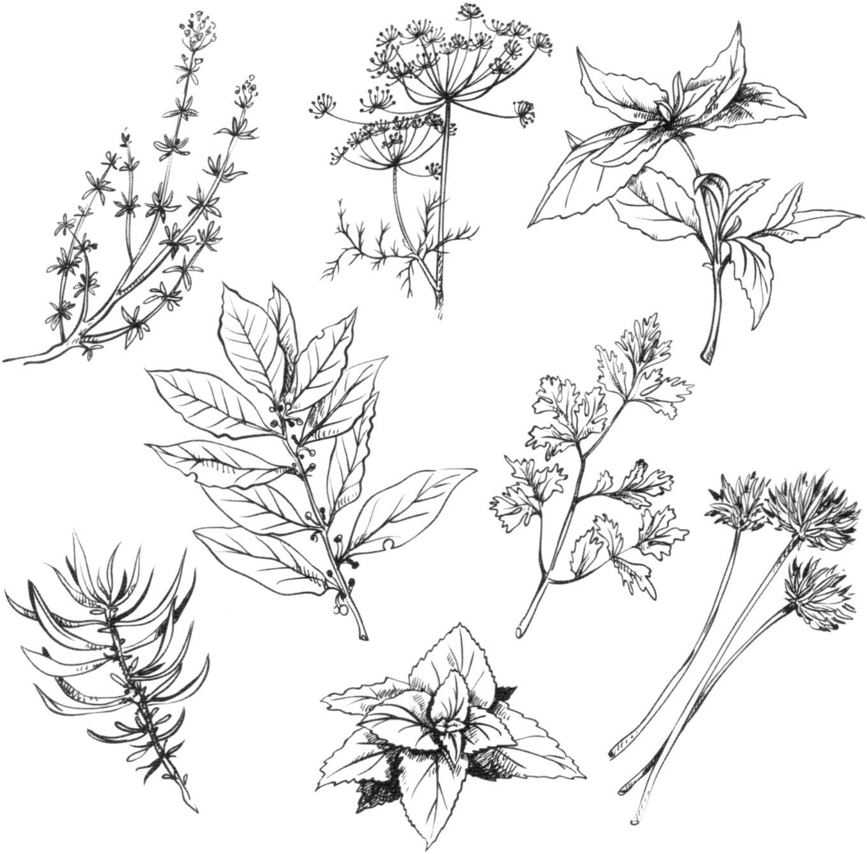

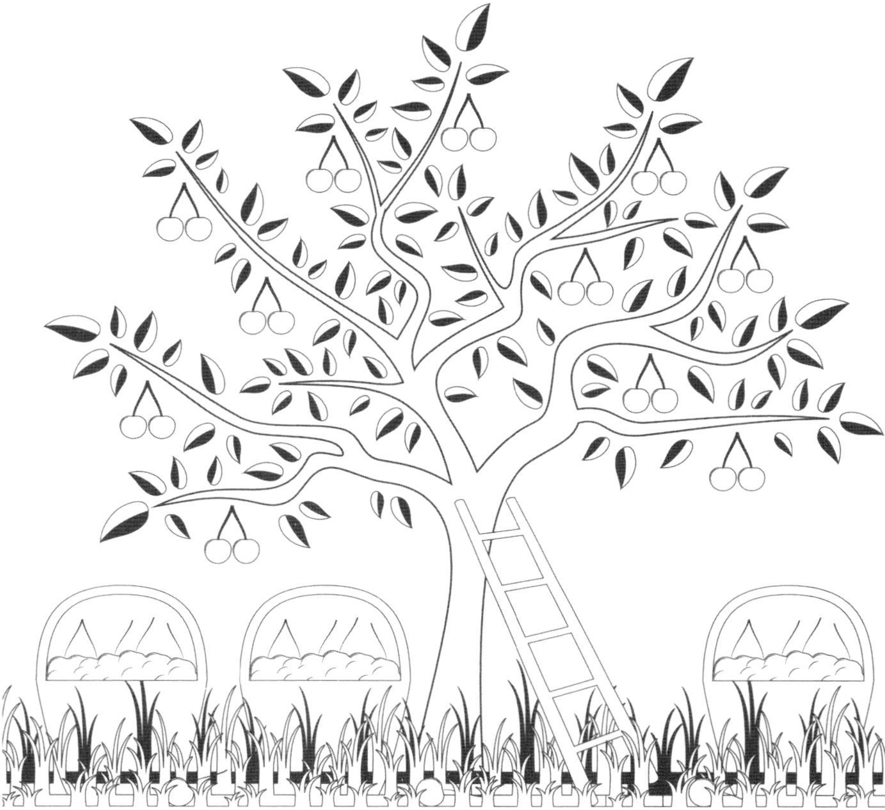

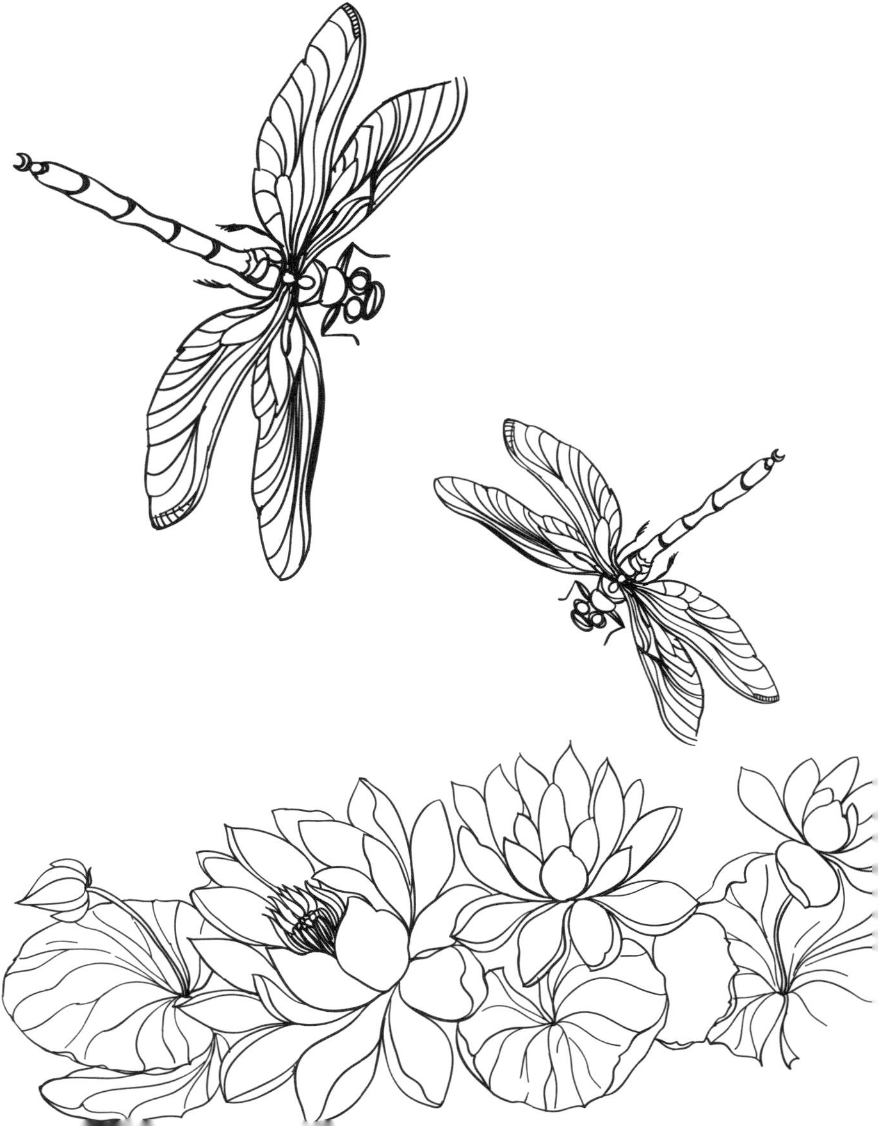

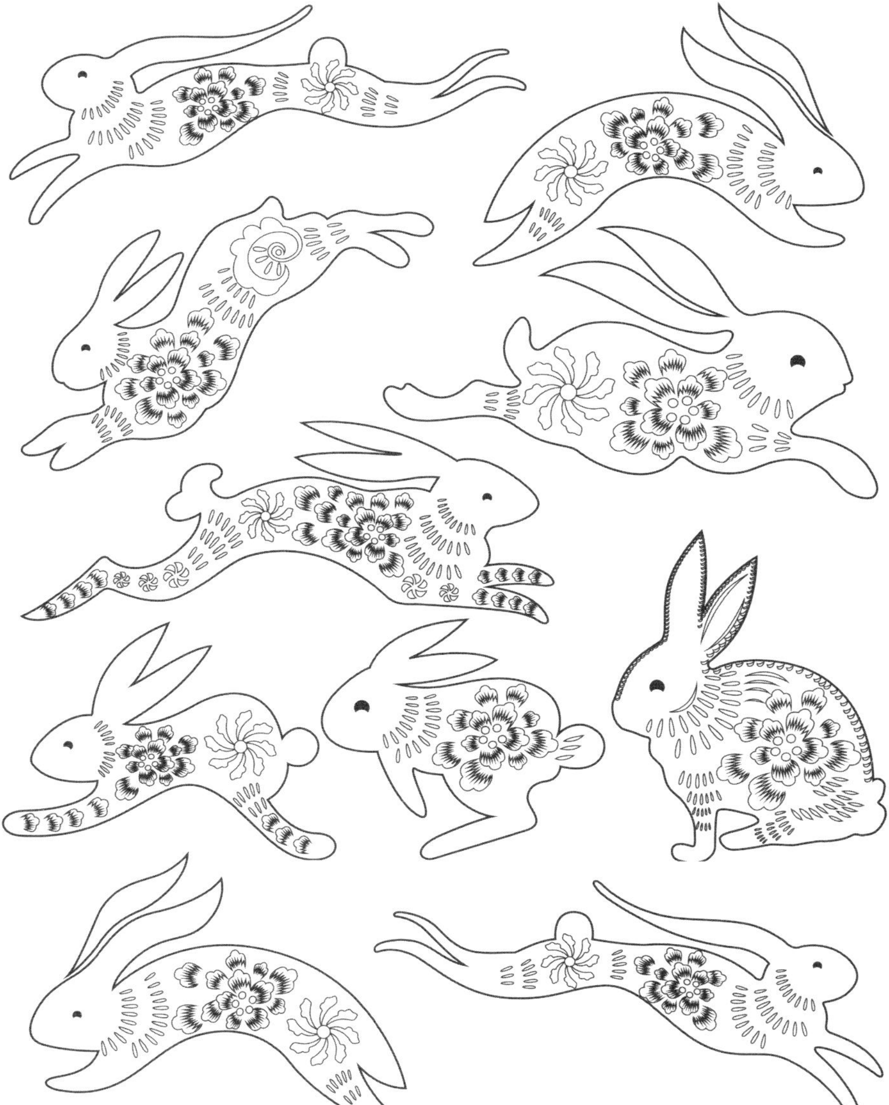

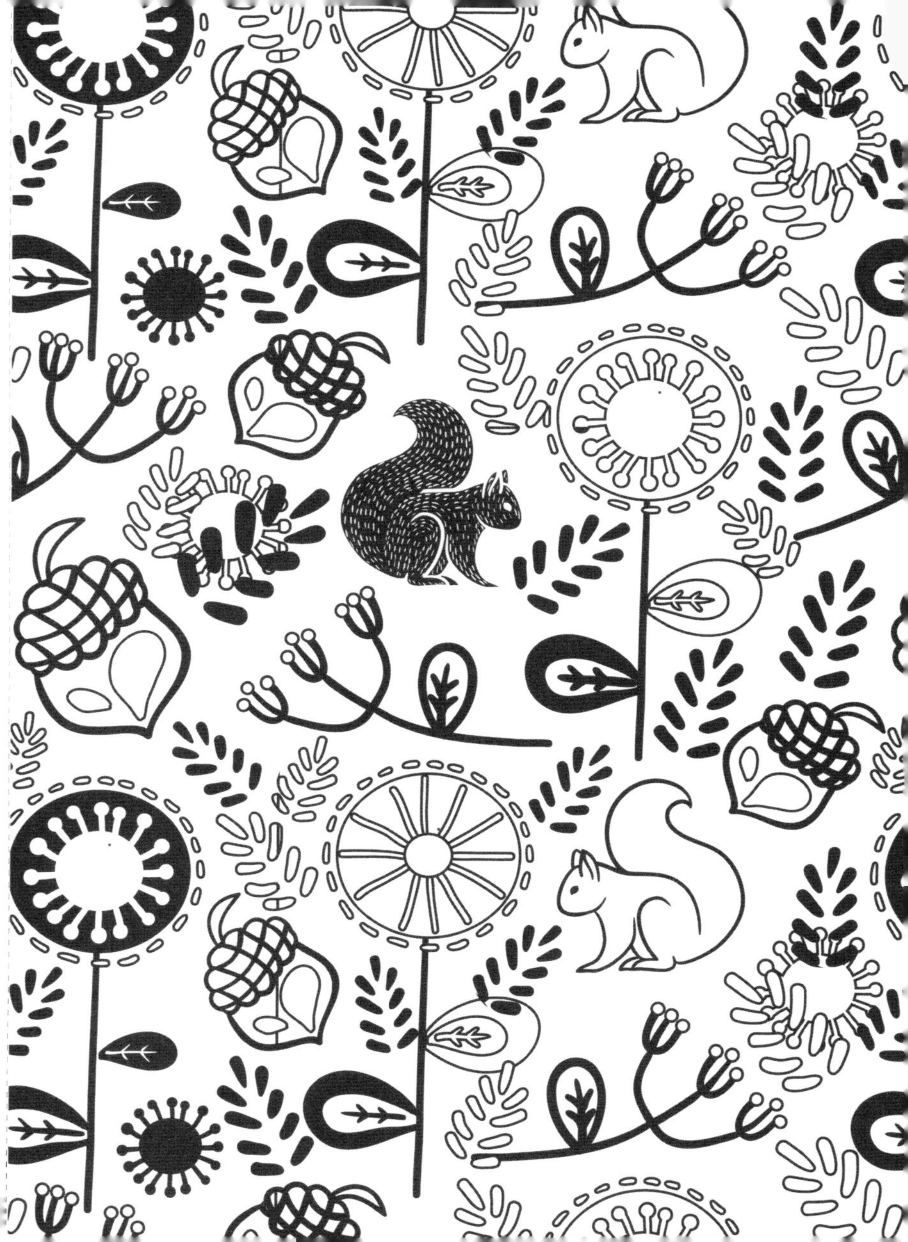

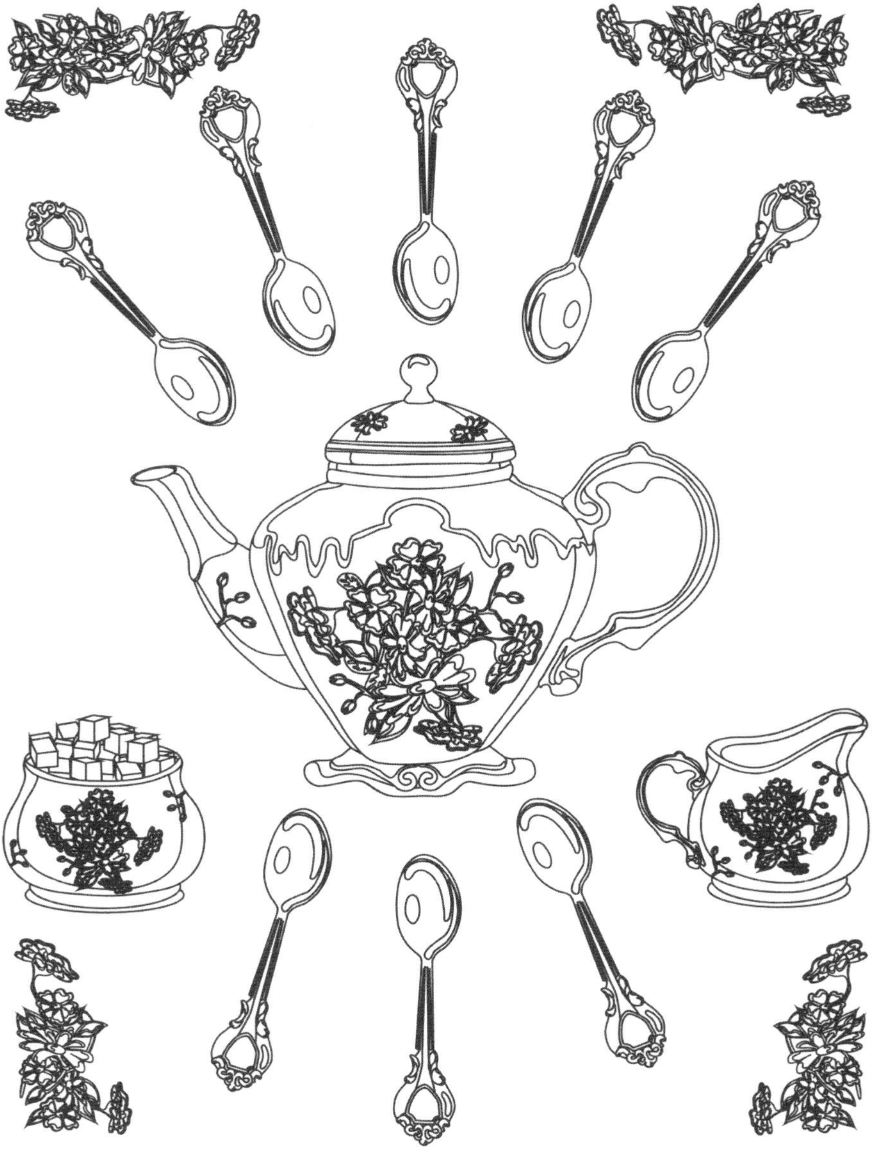